NOTICE BIOGRAPHIQUE

SUR

MONSEIGNEUR SÉBASTIEN-ADOLPHE

DEVOUCOUX

ÉVÊQUE D'ÉVREUX

NOTICE BIOGRAPHIQUE

SUR

MONSEIGNEUR SÉBASTIEN-ADOLPHE

DEVOUCOUX

ÉVÊQUE D'ÉVREUX

PAR

M. H. FISQUET

PARIS

P. BRUNET, LIBRAIRE-ÉDITEUR

31, rue Bonaparte, 31

ÉVREUX

CHEZ LECLERT, LIBRAIRE

1865

NOTICE BIOGRAPHIQUE

SUR

MONSEIGNEUR SÉBASTIEN-ADOLPHE

DEVOUCOUX

ÉVÊQUE D'ÉVREUX

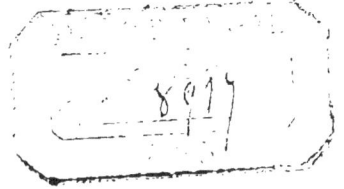

Né à Lyon (Rhône), le 18 mars 1804, Sébastien-Adolphe Devoucoux fut ordonné prêtre en 1829 par Mgr d'Héricourt, évêque d'Autun, et devint successivement, pendant l'administration de ce prélat, secrétaire des conférences du diocèse, chanoine honoraire, puis en 1841, chanoine titulaire de la cathédrale. Placé à la tête de l'officialité, il reçut du Souverain Pontife le titre de protonotaire apostolique et de Mgr de Marguerye celui de vicaire général honoraire. Un décret impérial du 20 février 1858, l'appela au siége épiscopal d'Évreux, qui fut préconisé pour lui dans le consistoire du 18 mars suivant. Le nouvel évêque fut sacré dans la cathédrale d'Autun, le dimanche 16 mai, par Mgr Frédéric-Gabriel-Marie-François de Marguerye, évêque de cette ville, assisté de Mgr Charles-Frédéric Rousselet, évêque de Séez et de Mgr Zéphirin Guillemin, évêque de Cybistra *in partibus*, vicaire apostolique de Canton. Le 24 du même mois, M. l'abbé Heudebert, vicaire général capitulaire prit en son nom possession du siége, et le mardi 1er juin, le nouveau prélat fit en personne son entrée solennelle à Évreux. Le 3 août suivant, il eut l'honneur de recevoir dans sa cathédrale LL. MM. Napoléon III et l'impératrice Eugénie.

Mgr Devoucoux se trouva, les 16 et 19 octobre 1859, aux fêtes qui se célébrèrent à Coutances et à Biville pour la béatification de Thomas Hélye, curé de ce dernier village au XIIIe siècle. Peu de jours auparavant, il avait, assisté de Mgr Didiot, évêque de Bayeux, consacré et béni l'église de Fontaine-l'Abbé. Il se trouva, le 17 octobre 1860, à la fête religieuse célébrée à Chartres à l'occasion du sixième anniversaire séculaire de la dédicace de la cathédrale et de la réconciliation de l'antique église de Notre-Dame-sous-Terre, profanée en 1793. Le lendemain, il y consacra l'autel de saint Joseph. En présence des tristes événements qui se consomment en Italie et des attaques dirigées contre le Saint-Siége et l'Église, il publia, pour le carême de 1861, un mandement ayant pour objet *l'Unité de l'Église*. Il y rappelle en particulier la série des actes solennels au moyen desquels la France représentée par le premier Consul, a reconnu, au commencement de ce siècle, toute l'étendue des pouvoirs traditionnels du successeur de saint Pierre, et trouve dans ces actes qui font partie du droit public de la France, un admirable résumé de la doctrine catholique. Le 19 mai 1861, jour de la Pentecôte, Mgr Devoucoux bénit le nouveau pont construit sur la Seine à Vernon, et le lendemain consacra sous l'invocation de saint Nicolas, la nouvelle église de Vernonnet, œuvre de charité publique, dont l'honneur lui revient pour la plus grande part, car il s'en est fait le propagateur et en a poursuivi la réalisation avec une persévérance et un dévoûment que la foi seule peut inspirer. Il en consacra l'autel le 12 décembre 1863.

Sous les auspices de Mgr Devoucoux, une nouvelle congrégation religieuse, d'une origine récente et d'un caractère nouveau, s'est établie à Évreux. Cette congrégation a été fondée en décembre 1862 par mademoiselle de Cambourg, qui avait conçu le projet de compléter l'organisation des sociétés de propagation de la foi en créant un ordre composé de religieuses vouées aux fonctions de missionnaires dans les pays idolâtres pour la conversion des femmes et des enfants. Cette œuvre encouragée par le Saint-Père, a été placée sous le patronage de saint François-Xavier, l'apôtre des missions, et a adopté son nom. L'établissement créé à Évreux, le 1er décembre 1863, n'est encore qu'une maison de noviciat, qui avait d'abord été fondée à Saint-Cloud, dans le diocèse de Versailles. La supérieure est mademoiselle de Cambourg, connue en religion sour le nom de mère Marie-Xaxier de Jésus. En attendant le jour où elles devront se consacrer à la mission qui est le but de l'ordre, les religieuses s'imposent le devoir de se dévouer aux œuvres qui exigent au plus haut point le sentiment de l'abnégation et du sacrifice, comme le soin des malades et l'ensevelissement des morts.

Un ecclésiastique du diocèse, l'abbé Louis Désiré Dagomer, avait publié, sans avoir le *permis* d'imprimer requis par les lois de l'Église, une brochure intitulée : *Réhabilitation du desservant*. Il attaquait la discipline actuelle des diocèses de France sur l'amovibilité qu'il disait *ne pas venir de l'Église, mais être repoussée par l'Église ;* il allait même jusqu'à traiter de scandaleux l'emploi des mots *parochi amovibiles* dont Mgr l'évêque d'Evreux avait fait usage dans la lettre d'indiction d'un synode tenu par lui. Par une ordonnance du 22 décembre 1863, Mgr Devoucoux condamna cet écrit, et en même temps exigea de l'auteur l'aveu de sa faute, des excuses à son évêque, l'engagement d'arrêter la circulation de l'ouvrage, enfin une adhésion au jugement que pourrait porter le Souverain Pontife, le tout, sous peine de suspense *ipso facto*. L'auteur fit la soumission demandée, mais se montra difficile à convenir qu'il avait commis *une faute grave*, en faisant publier son livre sans aucune autorisation préalable de l'Ordinaire, conformément aux prescriptions du dernier Concile provincial de Rouen et des statuts diocésains.

Mgr Devoucoux adressa, le 24 décembre 1863, au Souverain Pontife, la relation de cette affaire, accompagnée du texte de son ordonnance. L'examen de la cause fut confié à une congrégation particulière de cardinaux qui émit son sentiment le 1er septembre 1864. Il en fut référé au Saint-Père qui, par un bref du 15 octobre suivant, contresigné par le cardinal Quaglia, fit répondre à Mgr l'évêque d'Evreux que le livre publié devait être réprouvé, d'abord parce que son auteur a enfreint les lois du diocèse et du concile provincial de Rouen ; ensuite, parce qu'il a osé accuser les évêques de transférer d'ordinaire les desservants sans motif raisonnable ; enfin parce qu'il s'était arrogé le rôle de juge dans une question réservée au Saint-Siége, auquel elle avait été précédemment déférée, et en particulier au sujet des curés amovibles de Belgique, en mai 1845.

Mgr Devoucoux fut du nombre des évêques qui assistèrent le dimanche 24 avril 1864, à Buglose, près Dax (Basses-Pyrénées), à la grande fête de l'inauguration de la chapelle et de l'hospice de

Saint-Vincent de Paul construits à l'endroit même où cet illustre apôtre de la charité a pris naissance. En revenant de ce pèlerinage, le vénérable prélat fut atteint, le lundi 2 mai, d'une pleurésie qui le força de s'arrêter à Tours. Il trouva à l'archevêché de cette ville la plus généreuse hospitalité et les soins qu'exigeait son état, et comme le mal faisait des progrès rapides, Mgr Guibert, archevêque de Tours, administra son digne collègue dans la nuit du 14 au 15 mai, et le recommanda aux prières des fidèles dans toutes les Églises de la cité archiépiscopale. Plus de cinq mois se sont passés avant que Mgr Devoucoux pût revoir son cher diocèse, et lorsque ce bonheur lui fut donné le 1er octobre, il lui fallut le quitter et demander à un climat plus doux le rétablissement d'une santé encore chancelante. Le 11 de ce même mois, il bénit cependant une chapelle provisoire élevée à Navarre sur l'emplacement destiné à former le transept d'une nouvelle église. Cette chapelle reçut les noms de Notre-Dame et de Saint-Germain. Après avoir vécu quelque temps au sein de sa famille, le vénérable évêque d'Évreux est allé passer l'hiver à Cannes (Var). C'est là qu'est venue le trouver la circulaire du 1er janvier 1865, par laquelle M. Baroche, ministre de la justice et des cultes, interdisait à l'épiscopat français la promulgation de l'Encyclique, publiée le 8 décembre dernier, par le Souverain Pontife Pie IX.

En présence de cette interdiction, Mgr Devoucoux a adressé à son clergé la circulaire suivante par laquelle nous terminerons sa notice :

Cannes, le 18 janvier 1865.

« Mes chers coopérateurs,

« Les circonstances difficiles dans lesquelles se trouve la sainte Église me font sentir plus vivement le regret que j'éprouve d'être éloigné de vous. Plus rapproché, j'aurais eu le bonheur de conférer avec beaucoup d'entre vous des graves intérêts dont nous sommes les représentants. Il m'eût été plus facile de comprendre l'étendue des besoins des âmes qui vous sont confiées, et de vous aider par mes conseils à maintenir l'énergie de leur foi, malgré les attaques dont notre sublime mission est en ce moment l'objet. Ces âmes, nous les aimons avec toute la puissance d'affection de nos cœurs de Pasteurs. Nous voudrions pouvoir écarter d'elles les dangers auxquels nous les voyons exposées ; nous voudrions prévenir leurs moindres anxiétés, afin de les soutenir fortement dans les sentiers qui conduisent à Dieu. C'est en restant plus que jamais attaché au grand principe de l'unité catholique, c'est en étudiant avec une attention toute spéciale les règles de la justice, c'est en nous dirigeant sans cesse par les saintes inspirations de la charité, que nous pourrons atteindre le noble but, si digne de tous nos efforts.

« J'ai consulté les vraies et antiques traditions de l'Église d'Évreux, et voici ce que m'ont dit mes plus savants et mes plus illustres prédécesseurs, ceux qui ont rendu à notre patrie les plus éminents services.

« Les doctrines qui s'écartent de l'enseignement commun dans l'Église recèlent un germe de schisme dont il faut beaucoup se défier.

« Quand on réfléchit sur la véritable origine de celles de ces doctrines qui tendent à diminuer l'autorité spirituelle du Souverain Pontife, on reconnaît facilement qu'elles n'ont pas été inspirées par l'amour de la paix de l'Église et du bon ordre des États.

« Aucune opinion humaine ne peut prévaloir dans la conscience sur la foi de l'Église formulée par la bouche de son auguste Chef.

« La soumission aux décisions doctrinales du Siége apostolique, loin de diminuer le respect et la soumission dus à l'une et à l'autre des deux puissances qui régissent le monde, est la meilleure garantie de l'accomplissement dans la pratique, de cette parole du Sauveur : « Rendez à César ce qui est à César et à Dieu ce qui est à Dieu. »

« En effet, chers coopérateurs, les plus fermes appuis des pouvoirs constitués pour le régime temporel des hommes ne sont pas ceux qui demandent que l'on refuse à l'Église les libertés les plus essentielles, et qui réclament pour leurs mobiles opinions, l'indépendance la plus absolue ; mais ceux qui ont appris des Apôtres qu'il faut obéir à Dieu plutôt qu'aux hommes. Qu'on lise les Épîtres de saint Paul et celles de saint Pierre, on verra quelle haute idée avaient de l'autorité des princes de la terre les disciples de l'Agneau immolé pour le salut du monde.

« A ces observations puisées dans le dépôt sacré qui m'a été confié, j'ajouterai celle qui suit :

« L'Église croit que certains principes conçus d'une manière trop absolue, ne conduisent pas la société chrétienne à sa perfection : est-il logique d'en conclure qu'elle condamne les constitutions politiques nées de l'état présent des esprits, et les efforts généreux entrepris de bonne foi pour améliorer la condition temporelle des hommes, sans nuire au progrès moral et religieux ? A qui doit-on, sinon à l'Église, le sentiment de la dignité humaine qui existe dans la société régénérée par Jésus-Christ ? Que n'a pas fait l'Église pour le développement légitime des sciences, des arts et des institutions charitables ? Que ne fera-t-elle pas encore si elle est suffisamment dotée et suffisamment libre ? Je n'ai pu, chers coopérateurs, dissimuler à S. Exc. M. le ministre de la justice et des cultes, la douleur profonde que j'éprouve, avec mes vénérés collègues, de ce qu'il nous est défendu d'exposer, au nom de notre mission divine, afin de l'expliquer et d'en établir le vrai sens, un acte pontifical qu'il est permis aux hérétiques, aux infidèles et aux athées de reproduire, de commenter et d'attaquer au gré de leurs préjugés de sectes ou de leurs passions. Il importe maintenant de combattre efficacement les idées fausses ou absurdes qui circulent au sujet de l'Encyclique du 8 décembre dernier : Dieu ne nous refusera pas d'y parvenir.

L'étude des règles de la justice exige non-seulement la connaissance des lois qui doivent nous diriger, mais encore la sage appréciation des caractères des hommes avec lesquels nous avons à traiter, et de l'influence qu'exercent sur eux les circonstances dans lesquelles ils se trouvent placés. L'Église, qui éclaire nos consciences par ses décisions, compte sur notre prudence dans l'application qui doit en être faite. Elle veut que, à l'exemple de notre divin Maître, nous évitions de rompre le roseau à demi brisé ou d'éteindre la mèche qui fume encore. Beaucoup de préventions existent contre notre enseignement ou contre notre minis-

tère, quelquefois même contre nos personnes. Attachons-nous à
dissiper ces préventions, en ne substituant jamais de faciles déclamations aux observations calmes et lumineuses qui exigent plus
de réflexion, mais qui finissent toujours par pénétrer dans les
esprits. Comprenons que les questions sociales sont grandement
compliquées, et que nous courrions risque de perdre toute confiance parmi ceux qui nous écoutent, si nous prétendions trancher
d'un seul mot ces difficiles questions. Tâchons de persuader, par
tant de bonnes raisons qui nous sont connues, que la société européenne n'a rien à gagner à se séparer de l'Église, qui l'a enfantée
au milieu de tant de douleurs, qui l'a allaitée par tant de doctrines
et de dévoûment. N'omettons rien de ce qui peut aider les fidèles
à comparer l'état de la société païenne avec celui de la société
chrétienne, et à mieux apprécier les services que l'Évangile a
rendus à l'humanité. Il importe aussi de montrer par quels liens
se rattachent au paganisme plusieurs des erreurs modernes que
l'Église condamne, et quelles seraient les tristes conséquences de
ces dangereuses doctrines si elles venaient à prévaloir. Quand
la raison et la vraie science succéderont aux excitations du
moment, il sera facile de démontrer que tout ce qu'il y a d'utile,
de bon et de stable dans les institutions modernes, ou découle du
christianisme, ou n'est pas contraire à ses enseignements.

« Il ne suffit pas, chers coopérateurs, de nous attacher plus
fortement que jamais au grand principe de l'unité catholique et
d'étudier avec soin les règles de la justice ; il faut encore animer
toutes nos pensées, toutes nos résolutions, toutes nos paroles,
tous nos actes, par les inspirations de la charité. Ce fut toujours
la pratique des saints, ce sera aussi la nôtre. Là se trouve la rai-

son dés étonnants succès de la prédication de ces hommes de Dieu ; là se trouvera aussi pour nous le moyen efficace d'être utiles aux âmes dont nous portons devant Dieu la responsabilité. Consultons beaucoup l'Esprit-Saint dans la prière. Rappelons-nous que nous sommes avant tout des Pasteurs et que nous devons nous élever au-dessus de toutes les agitations de la terre. Allons à nos frères comme des anges qui s'illuminent de tous les rayons de la clarté divine, qui s'échauffent de toute l'ardeur des célestes affections, lorsqu'ils s'approchent des hommes commis à leur garde et qu'ils s'efforcent de les garantir contre les traits lancés par l'esprit de mensonge et d'insubordination à Dieu.

« Recevez, mes chers coopérateurs, l'assurance de mon affectueux dévoûment.

« † JEAN, *Évêque d'Évreux.* »

Mgr Devoucoux, outre quelques bons *Mandements*, a publié : *l'Histoire de l'antique cité d'Autun*, illustrée et annotée, d'Edme Thomas, chanoine d'Autun ; Paris et Autun, 1846, in-4°. On lui doit aussi une *Notice chronologique du rituel d'Autun* ; elle résume avec une remarquable précision la vie des évêques d'Autun, Châlons et Mâcon, et les faits principaux de l'histoire de ce diocèse.

Chevalier de la Légion d'honneur par décret impérial du 3 août 1858, Mgr Devoucoux porte pour armoiries : *De gueules, à la croix ancrée d'or*, avec cette devise : *Meminisse et imitari.*

PARIS. — IMP. V. GOUPY ET Cⁱᵉ, RUE GARANCIÈRE, 5.

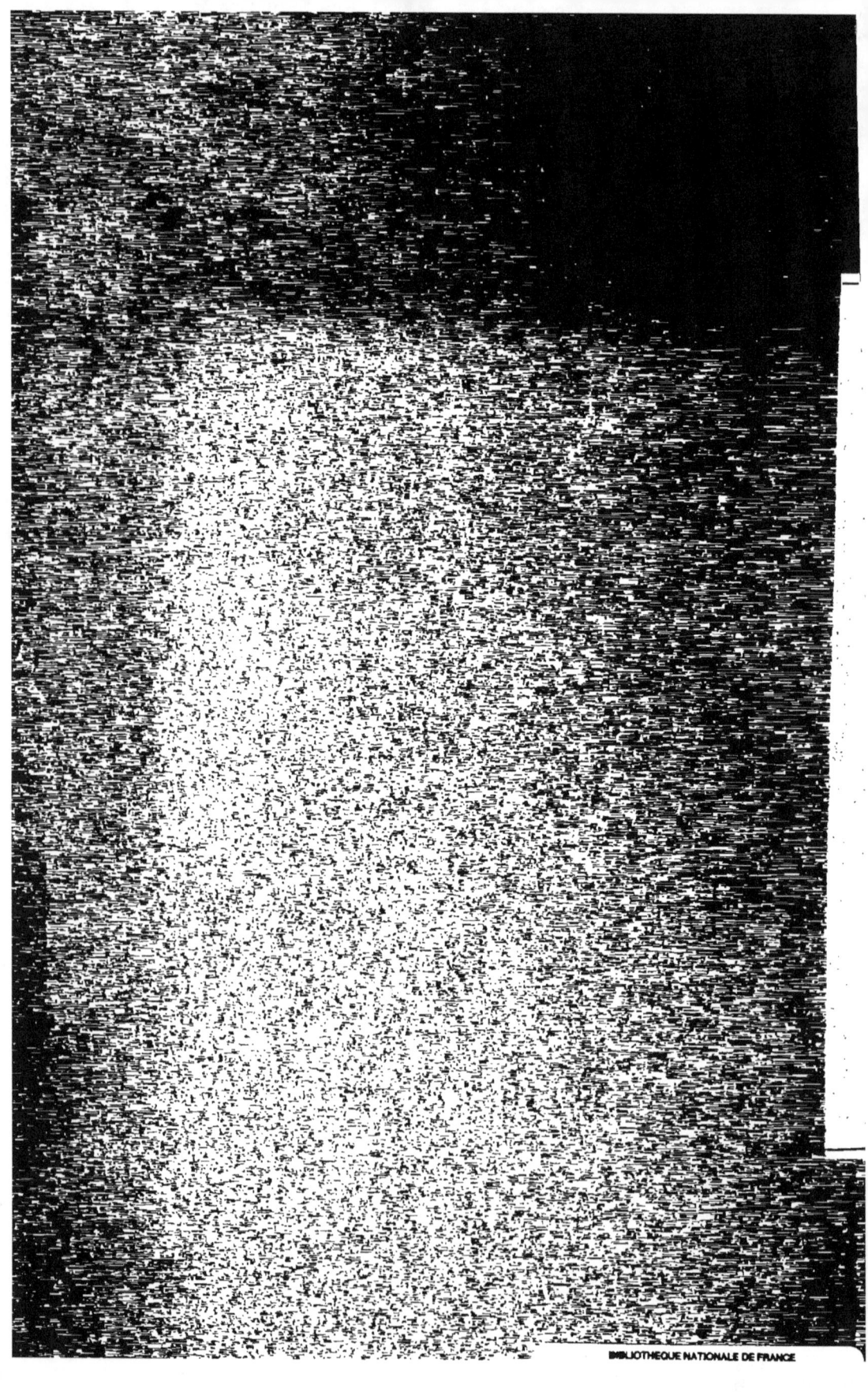